Unsere Hochzeitsreise in die Urwälder von Kamerun

Jenny Claren

Alpha Editions

This edition published in 2022

ISBN : 9789356703902

Design and Setting By
Alpha Editions
www.alphaedis.com
Email - info@alphaedis.com

Unsere Hochzeitsreise in die Urwälder von Kamerun

Nun sollte es also doch Wahrheit werden!

Ich sollte Kamerun sehen!

Das lang und heiß Ersehnte, aber nie Erhoffte sollte greifbare Gestalt annehmen.

Kamerun! Allein das Wort hatte stets einen faszinierenden Reiz auf mich ausgeübt. Von allen fremden Ländern war es stets der schwarze Erdteil, der mich am meisten anzog und von diesem wiederum Kamerun. Schon als Kind verschlang ich alle sich darauf beziehenden Reisebeschreibungen und sah ich – als Hamburgerin – Dampfer der Woermannlinie nach Kamerun ausreisen, was ich mir nicht oft entgehen ließ, konnte ich mich oft eines Tränenstromes nicht enthalten, sodaß manch' lächelnder Blick der am Kai versammelten Menschen das kleine, dicke Mädel traf, dessen Kummer allen unverständlich war.

Nie hätte ich geglaubt, daß sich mein glühender Wunsch noch dermaleinst verwirklichen würde; doch das Schicksal meinte es gut mit mir, indem es mir in meinem Lebensgefährten einen Mann zuführte, der bereits 5 Jahre Kamerun bereist, eine tiefe Liebe für dieses schöne Land empfand. Er verstand und würdigte meine Sehnsucht und überglücklich war ich, als er mir als Hochzeitsgabe eine Reise nach Kamerun versprach.

Welch' herrlicher Gedanke! An der Seite des geliebten Mannes das Land meiner Sehnsucht aufzusuchen und kennen zu lernen. Wie dankbar war ich ihm für seine Güte, die mir diese herrlichste aller Hochzeitsgaben bescherte.

Drei Tage nach unserer Trauung in Dresden fuhren wir am 7. September nach Hamburg. Ein gemütlicher Abend hielt uns bei lieben Freunden fest, wo unsere Abreise weidlich begossen wurde. Spät trennten wir uns, begleitet von guten Wünschen der Freunde, doch lange konnte ich keinen Schlaf finden, denn in unregelmäßigen Zwischenräumen drang das Heulen der Sirenen in unser Hotelzimmer und erneuerte immer wieder das wunderselige, wonnige Gefühl: »Morgen, morgen gehts hinaus in die weite, herrliche Welt!«

Am andern Abend um 10 Uhr begaben wir uns an Bord. Am Morgen des nächsten Tages um 7 Uhr wurden die Taue vom Kai gelöst und langsam fuhren wir, von einem Schlepper gezogen, unter den heiter-wehmütigen Klängen des hübschen, uralten Liedes: »Muß i denn, muß i denn zum Städtelein hinaus« und dem Hurrarufen und Tücherschwenken der am Kai Stehenden, aus dem Hafen hinaus, die Elbe hinunter.

Das eben erwachende Blankenese, mit seinen schmucken, in Grün gebetteten, Wohlstand verratenden Villen und dem stolzen Süllberg sandte uns in lachender Morgensonne seine Abschiedsgrüße zu und weiter gings, an den blühenden Elbhügeln entlang, dem offenen Meere zu.

Ein buntes Leben und Treiben entwickelte sich vor unseren Augen in der Elbmündung, denn unzählige kleine Küstendampfer und Fischkutter steuerten, geschickt manöverierend, unter Volldampf ihrem Ziele zu.

Nachdem wir die Feuerschiffe passiert hatten, fuhren wir mit halber Kraft in die Nordsee ein. Unser Schiff begann jetzt unter den leichten Wellen der Nordsee etwas zu stampfen, doch, als geborene Hamburgerin des Seereisens von einigen Überfahrten nach Helgoland und Dänemark nicht ganz ungewöhnt, machte mir die stampfende Bewegung des Schiffes viel Vergnügen.

Fern am Horizonte tauchten die Umrisse unseres befestigten Felsen-Eilandes, Helgoland, auf, um welches herum, malerisch, und doch in Schlachtenformation gruppiert, ein Teil unseres Hochseegeschwaders unter Volldampf lag, scheinbar in Erwartung eines markierten Feindes.

Nachdem auch dieser kleine Rest heimatlicher Erde unseren Blicken entschwunden war und der Tag sich zu neigen begann, zogen wir uns, für heute des Schauens müde, in unsere Kabine zurück, und die leise an die Schiffswand schlagenden Wellen und das stete Surren der Schiffsschraube sangen uns ein monotones, einschläferndes Schlummerlied.

Als ersten Hafen liefen wir Boulogne sur mer an, nahmen Post und einige Passagiere an Bord und dampften selbigen Tags, die um die Insel Wight gruppierten, schwimmenden, englischen Forts passierend, nach Southampton, wo wir ebenfalls auf Reede liegen blieben und von einem Küstendampfer Post und Passagiere übernahmen.

Weiter ging es mit Volldampf in den offenen Ozean hinein.

Das leichte Gekräusel der Nordsee, was wir bereits als Wellen empfanden, verstärkte sich dermaßen, daß man auf dem Schiff, außer den heftiger gewordenen Stampfbewegungen, auch ein recht bemerkenswertes Rollen verspürte, ja selbst einige Spritzer der kleinen Sturzseen benetzten die Promenadendecks, und empfindliche Gemüter zogen sich bereits aus der frischen Seebrise in die verschiedenen Salons zurück.

Die »alten Afrikaner« hatten sich bereits zu kleinen Gesellschaften gruppiert und begannen, unbekümmert um das Treiben des Ozeans, ein Spielchen. Eifrig wurde dem Bier und sonstigen geistigen Getränken zugesprochen und dicker Zigarren- und Zigarettenqualm erfüllte den Raum, so daß ich vorzog, mich schleunigst an Deck zu begeben, in die herrliche, frische Seeluft, wenngleich mich auch einige dieser »alten Afrikaner« stark interessierten. Beim Spiel konnte man beobachten, wie sehr ihre Nerven im schwarzen Erdteil gelitten hatten. Diese typische, leichte Erregbarkeit, die so schnell erhitzten Gemüter, kennzeichneten die lange unter der sengenden Sonne Afrikas hartgearbeiteten Männer. Und auch wie manche sehnige, schöne Gestalt war unter ihnen: groß, schlank, braungebrannt, mit kühnem Gesicht und energisch blickenden Augen. Stets weilte ich gern unter ihnen und lauschte ihren hochinteressanten Erzählungen über ihre Erlebnisse im schwarzen Erdteil. Sollte ich doch jene Gefilde, die noch einen kleinen Überrest des längst entschwundenen Urdaseins darstellen, aus eigner Anschauung kennen lernen.

Nachdem uns die, selbst von den ältesten Kapitänen unserer Weltlinien gefürchtete Biskaya auf ihren haushohen Wellen einige Tage lang geschaukelt und auch von einigen, nicht ganz magenfesten Passagieren ihren Tribut gefordert hatte, wurde am neunten Tage unserer Seereise wieder Land gesichtet, und zwar waren es die kanarischen Inseln, und von diesen wieder Teneriffa als erste, deren Hafen, Santa Cruz, wir kennen lernen sollten.

Am nächsten Tage sahen wir beim Erwachen bereits die Umrisse der unzähligen, ehemals vulkanischen Bergkegel, in deren Mitte ihr Oberhaupt, der Pique Teneriffe thronte, aus dem Meere emporsteigen. Die Spitze des alten Götterberges war in leichte Nebel gehüllt, doch bereits nach zweistündiger, weiterer Fahrt zogen sich auch die letzten Nebelschleier vom Haupte des Pique Teneriffe hinweg. Noch näher kommend, erkannten wir mit Hilfe der Ferngläser die rotbraunen Heidekräuter, durchmischt mit eßbaren Kakteen und üppig wuchernden Farren, einem herrlich gewirkten Teppich gleichend, welcher die Kegel bedeckt. Auf den Außenkegeln sind die portugiesischen Signalstationen errichtet, die hier, wie in Las Palmas und Madeira als Forts ausgebaut und armiert sind. Zwischen den Bergkegeln ziehen sich, mit üppigster Vegetation bestandene Täler hin, in denen die kleinen Dörfchen mit ihren roten Bedachungen malerisch zwischen den herrlichen Bananenhainen wie in einem Schmuckkästchen leuchten.

Bereits vor der Hafeneinfahrt bemerkten wir auf hoher See die kleinen Fischkutter und Boote der Eingeborenen von Santa Cruz, deren Nebenerwerbs- und Nahrungsquelle der Fischfang zu sein scheint.

Kaum war der Klang unserer Schiffssirene verhallt, als sich auch schon ein reges Leben im Hafen bemerkbar machte. Hunderte von kleinen Ruderbooten, besetzt mit Männern und vor allen Dingen Jungen, hatten unser noch langsam fahrendes Schiff als Ziel gewählt. Unzählige von kleinen, schwimmenden Krämerläden, in denen man Bananen, Orangen, Nüsse, Äpfel, Papageien, Ferngläser, Briefmarken, Kanarienvögel, Seidenwaren, entzückende Madeirastickereien, Postkarten, Goldwaren, Zigarren,

Zigarretten und tausend andere Sachen mehr kaufen konnte, umgaben bald unser Schiff.

Mit buchstäblich affenartiger Geschwindigkeit erklommen die 6-10jährigen Jungen, mit Handkörbchen beladen, die von einigen voreiligen Passagieren hinabgeworfenen Taue und es entspann sich sehr bald ein reges Handelsgeschäft.

Der Neuling kauft von allem, was ihm geboten wird und zahlt anstandslos die Preise, die gefordert werden. Erst durch das routinierte Handeln einiger »alter Afrikalöwen« aufmerksam geworden, erkennt er seine Voreiligkeit, denn die »alten Afrikaner« kaufen nicht 50, sondern 200-300 Prozent billiger als der Neuling.

Singend und schreiend kletterten die halbwüchsigen Burschen in ihren Booten herum und forderten kreischend und flehend die Passagiere auf, Geldstücke ins Meer zu werfen, nach denen sie tauchen und keines entgeht ihren Blicken.

Mit Genehmigung des Kapitäns durften wir an Land gehen. Die kleine Barkasse brachte uns bald an den Kai, wo uns die zweirädrigen, mit Mauleseln bespannten Karren aufnahmen und uns auf einer Rundfahrt durch Santa Cruz mit den Schönheiten der Hafenstadt, in Gestalt von prächtigen Bananenhainen, Zuckerrohrplantagen und Palmen bekannt machten. Zum ersten Male konnte ich die Schönheiten der in Freiheit gediehenen, mächtigen Palmen bewundern.

Nachdem wir von unserer ca. vierstündigen Fahrt in das Hinterland der Insel, die uns abwechselnd durch herrliche Farmen und kleine Dörfchen führte, zurückgekehrt waren, labten wir uns an einer Flasche echten (hoffentlich) Madeiraweins und ließen uns durch die Barkasse wieder an Bord bringen. Auch der Markthalle, die uns einen Einblick in die üppigen Vegetationsverhältnisse der Insel tun ließ, sowie dem Rathause statteten wir einen Besuch ab.

Unser vorläufiges Reiseziel war Madeira, dem wir einige Tage widmen wollten. Wir mußten uns daher von der uns liebgewordenen Reisegesellschaft und von unserem Dampfer in Las Palmas trennen, um nach Besichtigung der Hafenstadt von Grand Canaria mit einem Küstendampfer nach Madeira zu fahren.

Las Palmas unterscheidet sich von Teneriffa durch seine, in die Berge eingebauten, mit flachen Dächern abgedeckten, hell angestrichenen Häuser. An der Hauptstraße, auf der sich mit tosendem Gerassel eine Eisenbahn in unergründlichem Schmutze durcharbeitet, liegen die öffentlichen Gebäude und am Ende der Straße, umgeben von Palmen und anderen tropischen Gewächsen, die Kathedrale von Las Palmas. Nach einer kurzen Besichtigung der letzteren sahen wir uns noch die hinter den Häusern angelegten, wenig gepflegten Bananen- und Zuckerrohrplantagen an und fuhren mit unserem, am Kai gemieteten Karren, dem singend und schreiend, Purzelbaum- und Radschlagend die Jugend bettelnd folgte, wieder nach dem Hafen.

Unser Gepäck war bereits auf dem kleinen Küstendampfer, der uns nach Madeira bringen sollte, verstaut worden, und am Abend des nächsten Tages fuhren wir in den Hafen von Funchal ein.

Tausend und abertausend Lichter spiegelten sich in der ruhigen Wasserfläche wieder und boten dem Auge des Beschauers ein entzückendes Bild. Ab und zu trug der Abendwind leichtverwehte Klänge einer einschmeichelnden Musik zu uns herüber und traumverloren an der Reeling lehnend, ließen wir die wunderbare Schönheit des südlichen Hafenbildes und des tiefen Frieden ausatmenden Funchals auf uns einwirken.

Plötzlich durchdröhnte die Stille der sternenklaren Nacht das Rasseln der Ankerketten und der Donner der Postkanone und eine Stunde später betrat ich das eigenartige, vielbesungene Märchenland.

Studienhalber besuchten wir am Abend, nachdem wir uns im Hotel etwas restauriert hatten, einige Bierlokale, wo uns in den sauberen Räumen überall die lockenden, südlichen Klänge der fast durchweg sehr musikalischen und musikliebenden Bevölkerung empfingen.

Am anderen Morgen nahmen wir einen jener charakteristischen, mit Ochsen bespannten Schlitten und fuhren – nicht wie hierzulande im Schnee – sondern auf faustgroßen, runden, glatten Pflastersteinen durch die Stadt. Daß es ein angenehmes Fahren gewesen wäre, kann ich nicht behaupten, aber wir hatten die Mode mitgemacht.

Auch eine kleine Hafenfahrt im Ruderboote unternahmen wir und entdeckten auf den kleinen Bergkegeln, die sämtlich vulkanischen Ursprungs sind, die Befestigungen und Signalstationen von Funchal.

Die Schönheiten Funchals und seiner Umgebung zu beschreiben, ist man wohl kaum imstande. Ein Gemisch der herrlichsten und verschiedenartigsten Palmen und sonstiger subtropischer Gewächse, zwischen denen die kleinen, mit Stroh und Matten gedeckten Hütten der ärmeren Bevölkerung Funchals liegen, bietet sich dem Auge dar. Bäume, deren Höhe und Stärke nur noch einen kläglichen Überrest von den Riesenerzeugnissen der Urzeit bilden, recken, leicht vom Seewind bewegt, kühn ihre Häupter gen Himmel; leise von längst entschwundenen Zeiten flüsternd.

Die Bevölkerung Funchals scheint, soweit man dies nach dem kurzen, uns vergönnten Aufenthalt beurteilen kann, nur aus Armen und Reichen zu bestehen. Der Arme trägt seine schweren Lasten aus der Farm nach den

Märkten auf dem Kopfe, um sie dort für billiges Geld loszuschlagen oder gegen andere Nahrungsmittel einzutauschen. – Der Wohlhabende läßt sich von zwei Dienern in seiner Hängematte, deren buntgestreiftes Segeltuch ihn vor den sengenden Sonnenstrahlen schützt, spazieren tragen, oder er fährt in dem landesüblichen Ochsenschlitten durch die Straßen der Stadt.

Nach fünftägigem Aufenthalt booteten wir uns wieder auf einem Afrikadampfer der Woermannlinie ein.

Noch einmal lassen wir das Auge sich sattsehen an dem gesegneten Fleckchen Erde, welches uns soviel Schönes und Neues bot.

Lebe wohl, du einziges Madeira, wohin man sich das einstige Paradies verlegt denken kann.

Auf spiegelglatter See, die nur durch das zeitweise Auftauchen von fliegenden Fischen, Schweins- und Haifischen unterbrochen wurde, fuhren wir dem ersten afrikanischen Hafen, Conacry, entgegen.

Zum ersten Male in meinem Leben sah ich die hohen Wasserstrahlen, die ein Walfisch in die Luft spritzte und dessen Körper zeitweilig bis zur Hälfte seiner Stärke aus dem Wasser ragte.

Die größte westliche Länge, die wir auf unserer Fahrt erreichten, war 32° nach Greenwich, die größte Zeitdifferenz von Hamburg 2 Stunden 11 Minuten.

Durch den ersten Offizier wurde uns geraten, eine Nacht zu opfern, um dem nimmer rastenden Treiben der Delphine und Haifische, die von jetzt ab viele Tage als treue Begleiter in unserem Kielwasser folgten, zu beobachten.

An einem herrlichen, lauen Abend zogen wir uns nach dem Abendbrot auf das Achterdeck zurück und machten es uns in unseren Langstühlen bequem. Unseren Augen bot sich ein seltsames Schauspiel. Tausend und abertausend kleine Fünkchen (Infusorien) spielten in den durch die Schiffsschraube leicht gekräuselten Wellen: Das sogenannte Meeresleuchten und zwischen diesem Gewimmel zogen die Haifische, die ebenfalls stark phosphoreszieren, gespensterhaft ihre blaugrünen Furchen, bald back- bald steuerbords das Schiff beobachtend, ob nicht ein kleiner Überrest aus der Küche sich ihnen als Fang zeigt.

Die unvergleichliche Pracht des Sternenhimmels wurde durch den Mond, der bald als feurige Kugel aus dem Meere emporstieg, gebrochen, und die angenehme Kühle der Nacht ließ uns die Stunden des Schauens wie im Fluge vergehen.

Wir bummelten über die Promenadendecks nach dem Bug und beobachteten dort das launische Treiben der Delphine. Ihre phosphoreszierenden Körper zogen sich direkt vor dem äußeren Steven des Schiffes durch die rötlich schimmernden Manuaren, sogenannte »spanische Schiffe«, die Korallenriffen gleichend, das Meer beleben, hin.

In der Ferne tauchte ein Licht auf und bald ertönte die Sirene unseres Schiffes, dem diejenige des uns entgegenkommenden Dampfers antwortete. Leise glitt der dunkle Koloß des Afrikadampfers – denn ein solcher war es – an uns vorüber. Alles Leben war dort, wie auf unserem Dampfer, erstorben. Lockende Träume mochten die Schläfer drüben umgaukeln, waren doch viele davon glückliche Menschen, die nach jahrelangem Wirken und Schaffen unter der heißen Tropensonne Afrikas der Heimat zu fuhren.

Wiederum tauchte in der Ferne, in rhythmischen Zeitabständen leuchtend, ein Signallicht auf. Es war das Blinkfeuer, welches von der Insel Tambo ausgehend, die Einfahrt in den Hafen von Conacry in Französisch-Guinea kennzeichnet.

Wir blieben bis zum Morgengrauen auf der Reede von Conacry liegen und gaben später Post und Passagiere an Land.

Zum ersten Male in meinem Leben sah ich eine größere Anzahl Neger. Mit großem Interesse hatte ich die Abstufungen der Völkerrassen vom hohen Norden Deutschlands bis zur heißen Zone Nordafrikas beobachtet und sah nun diese sehnigen, schokoladenbraunen Gestalten in ihrer Heimat. – Trotz des Lächelns, das beim Anblick der Europäer um ihre wulstigen Lippen spielte, konnte man doch den so oft beschriebenen, hinterlistigen Zug in ihren scharfen Augen entdecken und ich hätte mir fürs Erste nicht gewünscht, mit diesen braunen Gesellen unter einem Dach wohnen zu müssen. Doch mein Mann belehrte mich bald eines Besseren, denn er hatte während seiner fünfjährigen Afrikatätigkeit genug Gelegenheit gehabt, das Seelenleben der Neger zu studieren. Einige uniformierte, schwarze Beamte der französischen Kolonialpost, die die Postsäcke und Pakete an Bord brachten, machten einen sehr netten Eindruck und sprachen ein sehr gutes Französisch.

Gegen 10 Uhr lichteten wir die Anker und stachen wieder in See, um in geringer Entfernung vom Land, jedoch außerhalb des Gefahrenbereiches der Riffe, dem nächsten Hafen Monrovia im Negerfreistaat Liberia zuzusteuern.

Während bis hierher die Möven unsere steten Begleiter waren und sich gierig auf jeden über Bord geworfenen Abfall stürzten, entdeckten wir zu unserem nicht geringen Erstaunen in den Tauwerken der Masten einige Schwalben, die von dort aus kurze Flüge unternahmen und die Nächte an Bord unseres Schiffes verbrachten.

Ein sehr nettes Schauspiel war das Bootsmanöver. Die Schiffsglocke ertönte und in kurzer Zeit waren die Boote ausgeschwenkt, bemannt und zu

Wasser gelassen. Zwei Rettungsringe mit selbstentzündbaren Lichtbojen wurden über Bord geworfen, die im Ernstfalle den nachts über Bord Springenden Rettung bringen sollten. Interessant zu beobachten waren die Haifische, die im selben Moment, als die Bojen klatschend ins Wasser fielen, auf diese zuschwammen und hastig zuschnappten, dann ihre verkannte Beute rasch wieder losließen und ihr Glück bei einem der zu Wasser gelassenen Boote versuchten. Der Dampfer drehte sofort bei und nahm die Rettungsboote wieder an Bord, die Lichtbojen, die inzwischen erloschen waren, wurden wieder aufgefischt und ruhig setzte der Dampfer seine Fahrt fort, bis wir der Reede von Monrovia ansichtig wurden.

Im Hafen von Monrovia entwickelte sich ein etwas lebhafteres Treiben als vor Conacry, denn zwei Küstendampfer brachten ca. 80-90 Neger an Bord, die während der Fahrt unter der heißen Sonne Afrikas die groben Arbeiten an Bord verrichteten.

Nachdem sie alle übernommen waren, bildeten sich schon verschiedene Gruppen und man merkte sehr bald, daß es nicht das erste Mal war, daß sie im Dienste der Woermannlinie arbeiteten.

Mit großer Geschicklichkeit wurden die Ladebäume, die bisher in der Längsrichtung des Schiffes niedergelegt waren, aufgerichtet, die Seile über die Rollen geführt und schon rasselten die Dampfwinden den ersten Ballen Ladung aus den schier unergründlichen Bunkern des Schiffes nach oben. Der Ladebaum wurde ausgeschwenkt und die Ladung in die bereitstehenden Küstendampfer herabgelassen. Ein anderer Teil der Neger holte sich beim Verwalter Schrubber und Bürsten, die Schiffshydranten wurden in Bewegung gesetzt und in wenigen Augenblicken schwammen alle Decks, die unter der kräftigen Behandlung unserer »lieben, schwarzen Brüder« sehr bald ihre Farbe wechselten.

Ein Glockensignal verkündete eine Essenspause.

Zwei große, ca. 100 Liter fassende Kessel mit gekochtem Reis wurden, der eine in die Mitte der Ladekolonne, der andere in die Mitte der Reinigungsmannschaften, gestellt. Um beide Kessel gruppierten sich, die strahlenden Augen auf den dampfenden Reis gerichtet, die Neger. Ein Vormann (Headmann) teilte den Inhalt des gefüllten Kessels in ca. 10 Portionen, deren jede einzelne wieder in einen kleineren Kessel gepackt wurde. Auf jeder Portion thronte als »Garnierung« ein Stück gekochten Stockfisches. Die Verteilung vollzog sich mit einer gewissen Ordnung, die Unterhaltung jedoch wäre wohl kaum von dem Geschnatter eines Waggons böhmischer Gänse übertönt worden.

Zu jedem dieser kleinen Kessel gehörten ca. 8-10 Mann, die sich in einer Ecke des Schiffes niederhockten und den Reis mit der Hand, mit der sie eben noch die schmutzigen Scheuertücher ausgewrungen hatten, zu Ballen formend, in den Mund stopften. An den Stückchen Stockfisch wurde nur ab und zu geleckt, erst mit dem letzten Klumpen Reis nahm auch dieses seinen Weg ins Innere des Negermagens.

Wie auf ein Kommando verstummte jegliche Unterhaltung und machte einem breiten, wohligen Schmatzen Platz. In kaum 10 Minuten waren sämtliche Kessel nicht nur geleert, sondern auch sorgfältigst für die nächste Verpflegungsaufnahme ausgeleckt und mit den Fingern gereinigt. Einige zu Boden gefallene Reiskörnchen wurden noch gierig aufgesucht und verschwanden in den nimmersatten Magen der Schwarzen. Damit der Magen auch wirklich bis oben gefüllt war, stürzten sie noch ca. ein halbes Liter Wasser nach und der letzte Schluck wurde, nachdem er kurze Zeit im Munde hin und hergespült war, in hohem Bogen über die Reeling gespuckt und – die Zähne waren geputzt.

Ein greller Pfiff des Offiziers rief die Horde wieder an ihre Arbeit.

Nachdem die Ladegeschäfte beendet waren, verließen wir Monrovia.

Die Wärme hatte sich bereits zu einer fast unerträglichen Hitze (46°C. im Schatten) gesteigert und noch unangenehmer machte sich die Hitze des Nachts bemerkbar. Trotz der in die Bullenaugen eingesetzten Windfänger und trotzdem man völlig entkleidet, nur mit dem Laken bedeckt, schlief, war an einen festen Schlummer nicht zu denken. Hochinteressant zu beobachten waren am Abend die Promenadendecks, wo in jedem Winkel 2-3 Neger kaffeelöffelartig zusammengehockt, mit einem leichten Leinwandlappen bedeckt, durch ein intensives Schnarchen ihren gesunden Schlaf verrieten.

Als wir am Morgen gegen 7 Uhr an Deck gingen, war bereits alles wieder blitzsauber gescheuert und die nicht beschäftigten Neger saßen plaudernd in Gruppen beisammen und plapperten wie die Waschweiber.

Nachdem wir noch die Häfen Grand Bassam und Cap Coast Castle angelaufen hatten, gingen wir unweit der Landungsbrücke von Lome in Deutsch Togo vor Anker. Mit einer der ersten Fahrgelegenheiten ließen wir uns an Land bringen und besichtigten, soweit es die kurze Zeit erlaubte, wieder einmal ein Stück deutschen Bodens.

Schon vom Schiff aus sah man die Früchte deutscher Kultur in Gestalt eines, auch architektonisch schönen Gouvernementsgebäudes und unzähligen am Strande liegender Faktoreien, die sämtlich von einer in gotischem Stil gehaltenen Kirche überragt werden.

Die Straßen Lomes sind zum Teil befestigt und auf ihnen werden im flotten Tempo die zweirädrigen, mit schwerer Ladung bepackten Karren gezogen. Während wir bisher nur Neger sahen, die, mit Ausnahme des

Lendenschurzes völlig unbekleidet waren, trug der größere Teil der Togo-Neger Kleider, und wenn sie auch nur aus einigen, malerisch um den Leib geschlungenen, bunt bemalten Tüchern bestanden. Einen recht netten Eindruck machten die sauber in Weiß oder Khaki gekleideten schwarzen Angestellten der Faktoreien, desgleichen die sauber uniformierten Soldaten der Polizeitruppe und die schwarzen Gouvernementsbeamten.

Auch hatten wir Gelegenheit, das bunte, fesselnde Markttreiben in Lome zu beobachten:

Hier hing unter einem Mattendach die Keule eines Schafes oder Ochsen, dort standen, in kleine Körbchen gefüllt, Erdnüsse, Makavo (kartoffelähnliche Knollenfrucht), Mais, Bananen, Ananas und ähnliche tropische Früchte. An anderer Stelle wieder kauerte ein schmutziges Weib am Boden, die ihre aus Makavo gefertigten, in Palmöl gekochten Klöße zum Verkaufe ausbot. In einem kleinen Schnittwarenladen, der die »neuesten Muster« der afrikanischen Mode auf den Markt brachte, wurden die auf dem Markt durch den Verkauf von Produkten erzielten Einnahmen umgesetzt, doch nicht, ohne stundenlanges Feilschen und Handeln und nachdem sämtliche ausgelegten Herrlichkeiten mit schmutzigen Fingern durchwühlt waren.

Nachdem wir uns mit einer Flasche Eisbier und einigen Sandwichs im Hotel gestärkt hatten, unternahmen wir noch einen kleinen Spaziergang durch die endlose Reihe der deutschen und englischen Faktoreien.

Da die Zeit zur Abfahrt mahnte, ließen wir uns wieder auf unseren Dampfer einbooten und fuhren, nachdem wir noch Lagos, eine Hafenstadt in Nigeria, angelaufen hatten, dem vorläufigen Endziel unserer Reise, Kamerun, zu.

Mit vor Freude klopfendem Herzen stand ich an Deck. Kamerun! In kurzer Zeit sollte es erreicht sein, sollte mein jahrelanger, heißer Wunsch sich erfüllen. Meinen Fuß würde ich auf Kameruner Erde setzen und eindringen in die vielen Schönheiten des wunderbaren Landes.

Mit Hilfe des Fernglases bemerkten wir bereits vor uns einen langgestreckten Höhenrücken, dessen einzelne Bergkegel in einen undurchdringlichen Nebel gehüllt zu sein schienen. Näherkommend, zerteilten sich die Nebelschwaden und majestätisch stieg aus dem Gebirge der alles überragende 4000 Meter hohe Kamerunberg heraus. Zu seinen Füßen liegt der ehemalig ebenfalls vulkanische, kleine Kamerunberg. Am Fuß des letzteren gruppiert sich malerisch, wie ein Schmuckkästchen, das reizende Viktoria, das aber leider durch die hinter ihm lagernden, nur zum Teil sanierten Sümpfe, nicht gerade das günstigste Klima in unserem fieberreichen Kamerun hat.

Auf einer kleinen Anhöhe liegt die Wohnung des Bezirksamtmannes direkt am Strande, ferner das Laboratorium der Versuchsanstalt für Landeskultur, das Polizeimeistergebäude, das Bezirksamt und -Gericht, die Wohnhäuser der Gouvernementsbeamten und die Faktoreien. Eine strikte Trennung der Wohnungen von Schwarzen und Weißen ist hier geschickt durchgeführt.

Ein Rundgang durch den botanischen Garten führt uns wohlgepflegte Kakao- und Gummikulturen vor Augen und gewährt uns schon einen kleinen Einblick in die üppige Vegetation der Tropen. Gern hätten wir uns den Sitz des Gouvernements, das in ca. 1000 Meter Höhe am großen Kamerunberg gelegene Buea, angesehen, doch unsere Reise sollte weitergehen und uns in die Gefilde führen, wo mein Mann als deutscher Kulturpionier die Linienführung der Kamerun-Nord- und Mittellandbahn erkunden half.

Nachdem wir uns noch einen Teil der herrlichen Kakao-Plantagen der W.A.P.V. angesehen hatten, fuhren wir noch an demselben Tage nach Duala.

Unzählige Buchten, sogenannte Creeks, die dicht mit Mongroven, zwischen denen einige Urwaldriesen ihre Häupter gen Himmel reckten, bestanden waren, wurden von den Fischfang treibenden, in kleinen Kanoes sitzenden Negern belebt. Rechts von uns sahen wir auf schmaler Landzunge direkt an der See das Sanatorium Suelleba und näherkommend, entdeckte man bereits die sauber weiß gestrichenen Häuser von Duala.

Auf der Joßplatte liegen Offizierskasino und die Beamtenwohnhäuser unserer Schutztruppenangehörigen und weiter, nach der Landungsbrücke zu, die Gouvernementsgebäude.

Im Hafen von Duala, der die Mündung des Kamerunflusses (Wuri) ist, kreuzten die kleinen Dampfbarkassen und Pinassen und nahmen, nachdem vom Hafenarzt die Quarantäne abgenommen war, die ankommenden Passagiere und deren Gepäck auf.

An der kleinen Landungsbrücke standen Hunderte von Negern und schwarzen Frauen, die teils grinsend, teils bewundernd die Neuangekommenen musterten, wohl auch dem wiedererkannten »alten Afrikaner« einen Willkommensgruß im schwarzen Erdteil zuriefen.

Eines mutete mich recht sonderbar an. Während wir in franz. Guinea französisch, in den engl. Kolonien englisch sprechen hörten, vermißte ich in Duala den Wohlklang unserer Muttersprache. Einige besser gekleidete boys, die ihre aus der Heimat zurückkehrenden Master abholten, hörte ich nur das Pigeon-Englisch, ein furchtbar verstümmeltes, mit andern Sprachen durchsetztes Englisch, sprechen. Mein Mann hatte auf der 23tägigen Seereise eifrig mit mir gearbeitet, damit ich dieses Kunterbunt ein wenig beherrschte.

Duala zu schildern, will ich unterlassen, da ich annehme, daß wohl Jeder von dem rasch emporgeblühten, fast europäischen Duala genügend Kenntnis aus Reiseberichten besitzt. Ich kann nur sagen, daß ich überrascht war von den wohlgepflegten Straßen und Gouvernementsgärten, in welchem die Gouvernementsgebäude eingebaut sind. Imponierend wirkten die Anlagen der Kamerun-Mittellandbahn, deren Bahnhof in einem Seitentale des Kamerunflusses, der sogenannten Bomonoschlucht liegt, deren Hänge mit den Beamtenwohnhäusern der Bahn malerisch bebaut sind.

Durch die 23tägige Seefahrt war unser Gang an Land direkt schwankend und schaukelnd geworden, doch heute – und das war für mich die Hauptsache – konnte ich zum ersten Male mein Haupt im schwarzen Erdteil, auf dem für mich noch tausend Geheimnisse bergenden Kameruner Boden zur Ruhe legen.

Im Hotel traf mein Mann viele alte Bekannte von seiner früheren kolonialen Tätigkeit her, alle freuten sich sehr, ihn wiederzusehen und auch mich kennen zu lernen. Ein fröhlicher Kreis bildete sich bald, Erinnerungen, ernste und heitere, wurden lebhaft ausgetauscht und viele Fragen nach der lieben, deutschen Heimat an uns gerichtet, so daß die Stunden wie im Fluge entschwanden. Dem Bier und Sekt wurde sehr reichlich zugesprochen, das Wiedersehen wurde recht gründlich gefeiert und beim endlichen Aufbruch hatte ich das Empfinden, mich noch an Bord zu befinden, wenigstens in bezug auf den »schaukelnden, schwankenden Gang« meiner lieben, neuen Bekannten; mein Mann jedoch durchaus nicht ausgeschlossen.

Eine frische Nachtbrise machte den Aufenthalt in den kleinen und niedrigen Hotelzimmern recht angenehm und zum ersten Male wieder, seit langer Zeit, fand ich meinen von Europa her gewöhnten, gesunden Schlaf.

Ein fast unglaublicher Zufall führte uns mit dem Koch zusammen, der mehrere Jahre in den Diensten meines Mannes gestanden hatte und ihm während der Dauer von zweieinhalb Jahren kreuz und quer durch die Urwälder Kameruns ins Innere gefolgt war und sich nicht nur als treuer Begleiter, sondern auch als tüchtiger, mit dem verwöhnten, europäischen Gaumen wohlbekannter Koch erwies. Joseph, so hieß diese schwarze Perle, freute sich unglaublich, seinen alten Master wieder zu sehen und erklärte sich bereit, uns auf unserer bevorstehenden Reise ins Innere zu folgen. Kurzerhand löste er, wahrscheinlich zum nicht geringen Staunen und Ärger seines bisherigen Herrn, sein Dienstverhältnis und stand am andern Morgen grinsend mit seinem Päckchen am Hotel.

Er war uns beim Einkauf unserer Verpflegung, die wir auf ca. 3 Wochen zu berechnen hatten, behilflich und nichts wurde vergessen, denn Joseph kannte die hohen Ansprüche, die sein alter Master an seine Kochkunst stellte. Die Verpflegung: Fleisch, Gemüsekonserven, Früchte, Cakes, Butter,

Schmalz, Mehl, Reis, Kaffee, Tee, Milch, Zucker, Essig, Öl, Gewürz, einige Flaschen Wein und Bier und sonstige, für die Küche des Europäers nötigen Kleinigkeiten, sowie etwas Reis und Stockfisch, die als Notbehelf dienen sollten, für den Fall, daß man mitten im Urwald Lager beziehen muß und keine Verpflegung für die Träger (Planten, Makavo und Palmöl) bekommt, wurde in Traglasten zu ca. 30 Kilogramm verpackt und nach dem Hotel gesandt. Als Tauschartikel nahmen wir noch Perlen, Tabak, und bedruckte Leinwandstoffe mit. Für irgend einen ganz besonderen Zweck hatten wir uns auch eines jener in Afrika typischen Hängekleider mitgenommen, desgleichen mieteten wir uns für die Reise nach dem Manenguba-Gebirge zwei Pferde.

Die Deutsche Kolonial-Gesellschaft, in deren Diensten mein Mann früher stand, stellte uns bereitwilligst ein Zelt mit den nötigsten Ausrüstungsgegenständen zur Verfügung, und am zweiten Tage nach unserer Landung wurden unsere Lasten nebst ihren Trägern, die teilweise recht schmutzige Lendentücher, welche bei Gott nicht mehr als fünf Prozent ihres Leibes bedeckten und einen intensiven Geruch nach Schweiß und Palmöl ausströmten, um den Leib geschürzt hatten, sowie unsere Pferde und schließlich wir selbst in einem Leichter verstaut und von einer Barkasse nach dem am rechten Ufer des Wuri gelegenen Bonaberi gebracht und sofort in den bereitstehenden Zug verladen.

Da mir mein Mann nicht in eiliger Bergfahrt die Schönheiten des Urwaldes flüchtig zeigen wollte, fuhren wir nur bis Mujuka, zirka 60 Kilometer der Nordbahn und schlugen auf einem freien Platz unser Zelt auf.

Mit unglaublicher Geschwindigkeit wurden die Zeltlasten aufgeschnürt und in einer halben Stunde stand unser Zelt bezugsfertig da. Die Verpflegungslasten, aus denen Joseph sich einige Konservenbüchsen hervorkramte, wurden unter das Sonnensegel gestellt und bildeten, gegen die in der Übergangszeit noch vorkommenden Tornados geschützt, gleichzeitig eine kleine Barrikade um unser Zelt, nur den Eingang freilassend.

Nach dem Aufschlagen des Zeltes begab sich jeder der Träger in den Urwald, um Holz für das nachts als Schutz gegen Ameisen und Raubtiere stets brennende Feuer zu holen und es dauerte gar nicht lange, so kehrten sie, jeder mit ein bis zwei beindicken, zwei bis drei Meter langen Ästen zurück, welche zu zwei großen Scheiterhaufen vereinigt, ihres Zweckes harrten.

Aus einigen, schnell aus den Fiedern der Palme geflochtenen Matten und vier im Busche geschlagenen Pfählen wurde ein kleines Badehäuschen (ohne Dach) aufgebaut und nachdem wir gebadet und uns umgekleidet hatten, begann Joseph und sein Helfershelfer, der boy Taka, zu servieren.

Trotzdem Joseph mit größter Fach- und Sachkenntnis den Lagerbau leitete, hatte er nebenbei, geschickt seine Töpfe auf drei Steine stellend, mittels kleingespaltenem Holz das Essen gekocht und Badewasser warm gemacht. Mitten unter freiem Himmel loderten bald vier solcher kleinen Feuer, auf denen die einzelnen Gerichte dampften.

Wir hatten uns, gestützt auf die langjährigen Erfahrungen meines Mannes, alles Geschirr in Emaille mitgebracht, denn von Porzellan wäre wohl am Abend des ersten Tages wenig übrig geblieben.

Zierlich, mit einer weißen, sauberen Jacke bekleidet, und stolzem Grinsen, die Suppe vor sich herbalanzierend, erschien Taka, dem auf dem Fuße, nicht minder weiß gekleidet, mit einem Gesicht, das den Stempel des Verantwortlichkeitsgefühls trug, Joseph mit dem zweiten Gange, Huhn mit Kartoffelpüree, folgte.

Taka, voll Eifer, bemerkte nicht, daß sein schwarzer Daumen ein warmes Bad in der delikat aussehenden Schildkrötensuppe nahm und von meinem Mann »zart« darauf aufmerksam gemacht, traf ihn ein entrüsteter, vernichtender Blick Josephs, der sich ein derartiges Benehmen anscheinend einfach nicht erklären konnte und seinerseits, in diese schwarze Tat Takas voll Kummer vertieft, vergaß, die Finger von den frisch hingesetzten Tellern zu nehmen, so daß uns seine Fingerabdrücke entgegenleuchteten, die sicher der Stolz jedes Kriminalbeamten gewesen wären. Zum ersten Male stiegen mir an jenem Abend leichte Zweifel ob des »Abfärbens« der schwarzen Rasse auf.

Nun, das Essen war vorzüglich zubereitet, und mit etwas gutem Willen war es mir auch möglich, alle »schwarzen« Gedanken zu bannen und es mir schmecken zu lassen.

Joseph hatte, da er die Verhältnisse gerade Mujukas, aus seiner früheren Tätigkeit her kannte, bei einem dort wohnenden Freund ein Huhn und eine, irgendwo mit Bindfaden in der Hütte festgebundene Schildkröte erworben.

Nach dem Essen setzten wir uns unter das Vordach unseres Zeltes und plauderten, gemütlich in unsern Liegestuhl zurückgelehnt, über das zurückgelegte Stück unserer Hochzeitsreise.

Bald auch hörte unser Plaudern auf und träumend genossen wir den unbeschreiblich schönen Tropenabend. Leider war es noch einige Tage bis zum Vollmond, aber ich konnte mir schon einen kleinen Begriff machen von der großen Schönheit einer tropischen Mondnacht. Nichts regte sich, nur aus der Ferne drang der Schlag der Palavertrommel, sowie der monotone Gesang unserer Träger, die wir in einem benachbarten Dorfe untergebracht hatten, zu uns herüber und ließ die Nähe menschlicher Wohnungen vermuten. Eine unendlich weiche Luft umfächelte uns, und ich dachte unwillkürlich an unser, jetzt sicher so naßkaltes Hamburg, wo man sich schon mit den Pelzen schmückt.

Auch der Feuermann hatte bereits seine Arbeit begonnen und eilte von einem lodernden Holzstoß zum andern, um immer wieder zu schüren und ihm neue Nahrung zuzuführen. Welch ein herrliches Schauspiel war es, in der ruhigen Nacht zu beobachten, wie jedesmal, wenn der Feuermann neues Holz auflegte, ein Funkenregen gen Himmel stiebte, der, gleich einer Rakete, dann wieder langsam in sich zusammensank.

Joseph war eifrig in seiner Küche beschäftigt, das Geschirr zu säubern und alles für den nächsten Morgen, wo wir unsere Reise zu Fuß fortsetzen wollten, vorzubereiten. Taka packte die abgelegten Kleider in den Wäschesack, legte geschickt die am nächsten Morgen benötigten Kleider auf das Moskitonetz unserer Betten, und als sie beide ihr erstes Tagewerk bei ihrem alten »Master« beendet hatten, baten sie um die Erlaubnis, uns erzählen zu dürfen, wie es ihnen in der Zeit der Abwesenheit meines Mannes ergangen sei. Ich konnte mich schon recht gut mit den beiden Hausgeistern verständigen, dank der Bemühungen meines Mannes, mich recht eingehend in das fast undurchdringliche Pigeon-Englisch einzuweihen. Jeder hatte natürlich wenig lichte Tage erlebt, denn intensives Arbeiten ist nicht immer Sache der Neger. Am meisten schien sich Joseph zu freuen, daß sich sein alter Meister nun sein Weib mitgebracht hatte und gab dieser Freude dadurch Ausdruck, daß er uns am Abend mit einer Tasse Tee und ich muß sagen, einem wirklich wohlgelungenen Pudding überraschte.

Noch einmal ermahnte mein Mann den Feuermann, der mit einem Knüppel bewaffnet, jetzt vor den Feuern hockte und träumend in die rote Glut starrte, ja nicht zu schlafen und wir zogen uns in unser Zelt zurück.

Einzelne Moskitos schwärmten im dunklen Zelte herum, doch wir hatten ja Chinin geschluckt – was ich übrigens nicht sonderlich schätzte – und konnten beruhigt sein.

Lange lag ich noch wach, alle bisher erlebten Tage an meinem geistigen Auge vorüberziehen lassend und dankte dem Himmel für die Schönheiten und Reize die er mir auf meiner Hochzeitsreise bisher geboten, bis auch ich schließlich, eingeschläfert durch das Knistern der brennenden Holzscheite, Gott Morpheus in die Arme sank.

Doch unsere Nachtruhe sollte nicht lange ungestört sein, scheinbar sollte ich die »Schönheiten« der Tropenlande mit allen Finessen kennen lernen.

Ein furchtbares Schreien und energisches Rütteln am Zelte schreckte mich auf und entsetzt sprang ich hoch, glaubte ich doch nicht anders, als daß wir überfallen worden seien. Ein schwarzes, ängstliches, durch die Glut der Lagerfeuer geisterhaft beleuchtetes Gesicht steckte sich durch den Spalt des

Zeltes, so daß ich entsetzt aufschrie, glaubte ich doch, noch schlafbefangen, daß es der leibhaftige Teufel sei. Doch es war nur der harmlose Feuermann, der ununterbrochen ein ängstliches »Anch, Massa, Anch life« rief. So sehr ich auch mit Blitzeseile mein Gedächtnis nach dem mysteriösen Wort »Anch« durchforschte, ich konnte beim besten Willen nichts finden, was einem solchen auch nur ähnlich gewesen wäre. Mein Mann, der nun endlich auch aus seinem gesegneten Schlaf aufgewacht war, drehte sich, nachdem er den Feuermann etwas energisch angehaucht hatte und dieser blitzschnell verschwand, ganz ruhig im Bette herum und erklärte mir, daß Ameisen unser Lager überfallen hätten. Ich zog mich schleunigst wieder ins Bett zurück, wurde ich doch schon von einigen kleinen Quälgeistern energisch gezwickt. Das ganze Zelt, sowie das Moskitonetz waren mit Ameisen besät. Nur der Vorsicht meines Mannes, beim Zubettgehen das Moskitonetz sorgfältig unter die Matratze zu stopfen, war es zu danken, daß mein Mann, obwohl mitten in einem Ameisenhaufen, von diesen kleinen Räubern verschont blieb. Durch meine Unvorsichtigkeit, sofort auf das Geschrei des Feuermannes hin, aus dem Bett zu springen, hatten es sich die Ameisen natürlich bereits in meinem Bett heimisch gemacht und ich hatte das Vergnügen, jede einzeln, nachdem sie mich an irgend einem Teile des Körpers gehörig gezwickt hatte, zu fassen und hinauszubefördern.

Ich hatte wirklich von der ersten Nacht im Zelte genug und wäre am liebsten nach der Küste zurückgekehrt, wo man doch wenigstens vor diesem kleinen Viehzeug sicher war und nicht noch obendrein vom Manne ausgelacht wurde, wie es mir armen Unglückswurm erging.

Joseph hatte inzwischen unsere Trägerkolonne alarmiert, die der kleinen Räuberbande energisch zu Leibe ging.

Drei bis vier Neger öffneten die Rück- und Vorderwand unseres Zeltes und begannen mit aus Palmenwedeln gefertigten, brennenden Besen die Ameisen zu verbrennen, während die übrigen Leute glimmende Scheite vom Lagerfeuer holten und durch Abklopfen der glühenden Kohle die Ameisen zum Rückzug nötigten. Meinem Manne bereitete der kleine Überfall scheinbar viel Vergnügen, während ich heillose Angst hatte, daß durch das unvorsichtige Umgehen der Neger mit den brennenden Fackeln unser Zelt und vor allem das Bett Feuer fangen könnte. Doch keines von beiden trat ein. Vereinzelt liefen noch einige dieser »lieben Tierchen« (sogenannte Dickköpfe) im Zelte herum.

Mein Mann machte mich auf den völlig geordneten Abzug der kleinen Räuberbande aufmerksam. Zu Tausenden und Abertausenden zogen sie, die großen Ameisen (Dickköpfe) an den Seiten Spalier bildend, die kleineren, gemischt mit einigen führenden Großen, in einem zirka zwei bis drei

Zentimeter breiten Streifen ab. Als der Zug zu Ende war, schlossen sich auch die Dickköpfe, die Spalier gebildet hatten, an.

An Schlaf war meinerseits nicht mehr zu denken, denn das gellende Geheul des Feuermanns und der Anblick seines feurigen Gesichtes war denn doch zu stark in die Glieder gefahren. Aber mein Mann, der an derartige Überraschungen gewöhnt zu sein schien, verriet bald durch ein intensives Schnarchen die Fortsetzung seiner Nachtruhe.

Da, endlich ertönte die kleine mitgenommene, von Joseph geschlagene Palavertrommel, deren Schall für die Träger das Wecken bedeutete. Wir kleideten uns rasch an und wer beschreibt mein Erstaunen, als ich, ins Freie tretend, unseren Tisch mit richtiggehenden Weißbrötchen, Kaffee und einem Teller Hafergrütze gedeckt fand. Ohne daß mein Mann nur ein Wort gesagt hätte, hatte sich Joseph all der kleinen Liebhabereien meines Mannes wieder erinnert und es schien ihm große Freude zu machen, recht zu unserer Zufriedenheit zu arbeiten.

Joseph meldete, daß die Ameisen sich an der versehentlich offen gelassenen Zuckerdose und dem restlichen Pudding weidlich gelabt hätten und bat sich die Erlaubnis aus, dem Feuermann, der durch sein Schlafen den Ameisen den Einzug in unser Lager ermöglicht hatte, eine Ohrfeige geben zu dürfen. Die Erlaubnis erhielt er und setzte sie auch sofort, und zwar sehr energisch, in die Tat um. Ja, Joseph hielt auf Disziplin in der Kolonne.

Na, wenn der räuberische Überfall nicht mehr Materialschaden brachte, war er wohl zu ertragen.

Während wir den Morgenkaffee einnahmen, wurde mit staunenswerter Geschwindigkeit das Zelt abgebrochen, jeder schnürte sich seine Last zum Tragen fertig, und nachdem das Geschirr verpackt war, setzten wir uns auf unsere Pferde und ritten in den halbdunklen Urwald hinein.

Es war ein ganz wonniger Morgen. Wie tausend Diamanten funkelten die Tautropfen an allen Gräsern und Zweigen in den mühsam durch das Dickicht brechenden Sonnenstrahlen. In vollen Zügen atmeten wir die frische, würzige Morgenluft ein; jubelnde Freude erfüllte meine Brust und vergessen waren die kleinen Unannehmlichkeiten der vergangenen Nacht. Der erste Tag im Urwald vom einzigschönen Kamerun nahm mich derartig gefangen, daß ich am liebsten ein Lied angestimmt hätte, ein frisches, fröhliches Wanderlied mit all den lieben, kleinen, gefiederten Sängern, die alle schon ihr Sangespensum erledigten, um die Wette. Doch auch unsere Kolonne war nicht stumm, ein rhythmisches monotones Singen begann, dessen Eigenart mich fesselte. Einer der Reserveträger sang, vor der Kolonne hertanzend, das Lied vor und die anderen stimmten später kräftig ein, gerade als wenn es der Refrain wäre, den sie mitsangen.

Joseph bildete den Schluß, damit nicht einer der Träger mit seiner Last hinter der Reihe zurückblieb, denn nichts ist unangenehmer, als wenn man im nächsten Tageslager angekommen, sein Zelt aufschlagen will und eine Last fehlt.

Man kann sich, wenn man es nicht selbst erlebte, keinen Begriff von der imponierenden Schönheit des tropischen Urwaldes machen.

Mächtige Baumriesen von dreißig bis fünfzig Meter Höhe und fast unglaublichem Durchmesser sind von kleineren Bäumen und tausend verschiedenartigen Schlinggewächsen, rankenden Farren und sonstigen Schmarotzern umgeben und überwuchert. Staunend bewunderte ich die üppige Vegetation, die seltenen, niegesehenen Blumen, das in allen Farben schattierende Grün der einzelnen Schlinggewächse. Man sah es, hier war der Kultur noch keine Macht gegeben, einzudringen, stolz und frei sproß und wucherte alles in üppigster Selbstverständlichkeit durcheinander, sich im Kampf um einen Lichtstrahl eng umschlingend, so daß man keinen Meter breit das geheimnisvolle Dunkel des ewiggrünen Urwaldes mit den Blicken durchforschen konnte.

Nichts verriet ein Welken oder Sterben!

Hoch in den Wipfeln der Bäume tummelten sich die bisher nie gesehenen, unzähligen, farbenprächtigen Vögel, ein Singen, Klingen, Geschrei und Gekrächze erfüllte die Luft, das mein Herz immer höher schlagen ließ. Einer unserer Träger machte uns auf einige Äffchen, welche in den Kronen der Bäume fressend saßen, aufmerksam. Doch leider ergriffen die possierlichen Tierchen bei unserem Anblick ängstlich die Flucht.

Wir marschierten nicht auf der ausgebauten Regierungsstraße, sondern auf Umwegen unserem Tagsesziele zu, denn ich wollte den Urwald richtig kennen lernen.

Wurzeln und bloßgewaschene Steine bedeckten den zirka dreißig Zentimeter breiten Negerpfad, und erst jetzt konnte ich mir die großen Schwierigkeiten vorstellen, die mit einer Erkundung von Eisenbahnen im afrikanischen Urwald verbunden sein mußten. Einige quer über den Weg liegende armdicke Bäumchen waren von den vor uns marschierenden Reserveträgern fortgeräumt, dicke, anderthalb bis zwei Meter im Durchmesser fassende Baumriesen mußten umgangen werden. Die kleinen Flüßchen, die ohne Brücke waren, wurden durchwatet.

Plötzlich stutzte das Pferd meines Mannes, der voranritt, und blieb mit zitternden Flanken stehen. Selbst unter Zuhilfenahme der Sporen war es nicht möglich, das nervös trampelnde Tier vorwärts zu bringen. Die Träger, die dadurch ins Stocken kamen, wunderten sich einen Augenblick, um im nächsten Moment, den Blick nach oben richtend, auf eine vom Baum herabhängende, vier bis fünf Zentimeter dicke, zirka vier Meter lange Schlange zu zeigen. Ein wohlgezielter Schuß aus der Büchse meines Mannes bringt den Feind zur Strecke, und beruhigt wiehernd setzte das Pferd seine Wanderung fort. Die Unvorsichtigkeit meines Mannes, gleich vom Pferde aus zu schießen, brachte ihm, durch eine schnelle Rückbewegung des Pferdes, eine kräftige Ohrfeige vom Gewehre ein.

Nach zweistündigem Marsch kamen wir in einen mit zirka fünfzig Zentimeter langem Gras bedeckten freien Platz, wo mein Mann vor zirka fünf Jahren bei der Vermessung der Kamerun-Nordbahn sein Lager errichtet hatte. Einige eingerammte Pfähle und darüberliegende Knüppel, sowie einige von Wind und Wetter zerfetzte Palmenmatten waren die Überreste des ehemaligen Lagers. Wir rasteten kurze Zeit und setzten dann unsere Wanderung fort.

Mittlerweile war auch die Sonne recht hoch gestiegen und entlockte mir, trotzdem ich noch immer ritt und ganz leicht gekleidet war, so manchen Seufzer und manches Tröpflein Schweiß, so daß ich froh war, als wir gegen vier Uhr nachmittags unser nächstes Tageslager Lum erreichten.

Wir hatten, selbst nach Ansicht meines Mannes, eine für die Tropen ganz vorzügliche Tagesleistung hinter uns.

Hier wurde wieder Lager aufgeschlagen und der Abend von gestern wiederholte sich naturgetreu, mit Ausnahme des kleinen Überfalles. Joseph begann sofort der Schlange »das Fell über die Ohren zu ziehen« und schnitt deren Leib, ohne Rücksicht auf die Eingeweide, in gleich große Stücke, die er unter die Träger verteilte. Eiligst liefen diese nach ihren

Unterkunftshütten, wo – wie wir uns am Abend überzeugten – dieser »Leckerbissen« mit einer unglaublichen Menge Bananen resp. Planten in die unergründlichen Negermagen verschwand. I gitt! I gitt! Den gleichen Weg nahm ein Hundsaffe, den mein Mann noch geschossen hatte. Die Schlangenhaut wurde mit kleinen, selbstgefertigten Holzstiftchen auf zwei Palmenrippen aufgezweckt, mit Alaun eingerieben und zum Trocknen ans Lagerfeuer gestellt. Auf gleiche Weise wurde das Affenfell präpariert.

Auch heute hatte Joseph wieder mit einer kleinen Überraschung aufzuwarten. Er hatte unterwegs einige Mangopflaumen gekauft und davon, unter Vermischung von Bananen und Ananas ein sehr schmackhaftes Kompott zubereitet. Ananas stand überhaupt täglich auf der Speisekarte. Ferner servierte er ein junges Gemüse, was er aus zarten, in kleine Stücke geschnittenen Graskolben, nach Art unserer jungen Erbsen, vorzüglich zubereitet hatte.

Todmüde sank ich nach einem kurzen Plauderstündchen auf mein Lager und schlief fest und traumlos nach dem anstrengenden Tagesritt bis zum Wecken, wo ich mich erfrischt und neugestärkt erhob.

Heute marschierten wir bis nach Nlohe, was bereits 600 Meter über dem Meere und bei 115 Kilometer der Nordbahn an den Ausläufern des Menengubagebirges liegt.

Die üppige Urwaldvegetation wurde hier bereits durch einige kilometerlange, mit vier bis fünf Meter hohem, fingerdicken Elefantengras bestandenen Flächen unterbrochen, die die Ausläufer des Graslandes, in welches wir nun allmählich einmarschierten, bildeten. Von hier aus benutzten wir wieder die Bahn, um sie in Manengoteng wieder zu verlassen. Auch hier machten wir nicht von dem dargebotenen Gastrecht Gebrauch, sondern marschierten einige Kilometer zurück und schlugen direkt an der alten Karawanenstraße an den zirka 10 Meter hohen Fällen des Dibombe unser Lager auf.

Entzückt stand ich still und konnte den Blick nicht losreißen von den ungeheuren, schaum- und gischtgekrönten Wassermassen, die sich mit donnerndem Getöse in die Tiefe stürzten, unaufhörlich, rastlos! Fast unmöglich war es, sich bei dem ungeheuren Lärm zu verständigen, doch wir gewöhnten uns sehr bald an das ununterbrochene Rauschen des Dibombe und waren hochbefriedigt von unserem idyllisch gelegenen Lagerplätzchen. Interessiert betrachtete ich die aus Baumstämmen und Knüppeln, verbunden durch Rotang (Lianengewächs) hergestellte Brücke; gewiß ein Kunstwerk der Technik im afrikanischen Urwald!

Den Häuptling von Manengoteng hatte mein Mann angewiesen, daß er Verpflegung für die Träger, sowie ein Schaf, einige Eier und Ananas für unsere Küche bringen sollte und nach einigen faulen Ausreden erklärte er sich dann auch bereit, den gewünschten shop zu bringen.

In Begleitung von fünfzehn bis zwanzig seiner Dorfgetreuen und Frauen, die mich mit unverhohlenem Erstaunen und großem Interesse recht eingehend begafften, brachte er dann auch wirklich die Verpflegung für unsere Leute; ein sehr schönes Mutterschaf für uns, und mit verschämtem Grinsen überreichte er mir persönlich ein Huhn und ein kleines, mit Eiern gefülltes Körbchen. Als Bezahlung erhielt er den ortsüblichen Satz von sieben Mark für das Schaf, außerdem fünf Het, das sind fünfundzwanzig Blatt Tabak, und aus der unergründlichen Rumflasche er zwei und seine Begleiter je ein Gläschen. Es wunderte mich, daß er das Glas auf einen Zug leerte und den scharfen Traderum in dieser Menge seinem Magen anbot. Doch der alte Genießer ging noch weiter, er behielt den »Schluck« im Munde und spülte, den Kopf schüttelnd, sich auch noch den Mund damit aus, bevor er das edle Naß hinunterschluckte. Die gleiche raffinierte Genußsucht zeigten seine Begleiter.

Befriedigt über das Ergebnis seines Handels zog er sich in sein Dorf, wo auch unsere Träger untergebracht waren, zurück.

Inzwischen hatte Joseph bereits unserem Schäflein das Lebenslicht ausgeblasen und am Abend servierte er Hammelkeule mit grünen Bohnen (Konserven). Joseph wollte sich vor mir als durchaus perfekter Koch zeigen und hatte zum Nachtisch Krapfen gebacken, sowie eine gute Tasse Kakao gekocht.

Meine lächelnde Frage, ob die Krapfen in »Affenfett« gebacken seien, wies er beleidigt zurück, sah dann aber an meinem Appetit, daß ich nur gescherzt hatte.

Mein Mann hatte mir oft in der Heimat von den Kochkünsten seines für ihn unentbehrlich gewordenen Joseph erzählt, und ich kann heute die Schilderungen schon zum größten Teil bestätigen.

Lustig loderten und knisterten die um unsere »Behausung« angelegten vier Lagerfeuer und wir fielen bald, nachdem wir die wichtigsten Tagsesereignisse notiert hatten, durch das Rauschen des Dibombe und die vom tosenden Wasserfall gespendete Kühle sanft eingelullt, in einen tiefen Schlaf.

Durch den alles übertönenden Lärm der abstürzenden Wassermassen und durch den uns umgebenden Urwald am Fernblick behindert, hatten wir nicht wahrgenommen, daß im Westen eine dicke, schwarze Gewitterwand sich auftürmte und dank der ausnahmsweisen Wachsamkeit des Feuermannes wurden wir vor unfreiwilligen Flugversuchen bewahrt.

Ein furchtbarer Sturm brach los. Dürre Äste fielen laut krachend um unser Zelt herum zu Boden und der Feuermann begann bereits die glimmenden Holzscheite der Lagerfeuer, die einen mächtigen Funkenregen verursachten, auseinanderzuziehen, denn er sah das Zwecklose seiner Bemühungen, weiterhin ein Lagerfeuer unterhalten zu können, ein. In wenigen Augenblicken prasselte der Regen in Strömen hernieder, der jedoch dank der um das Zelt angelegten vielen Wassergräben unsere Behausung, wenigstens von unten her, trocken ließ. Blitz folgte auf Blitz und Donnerschlag auf Donnerschlag. Fast ununterbrochen war unser Zelt taghell erleuchtet, und ich mußte die Augen schließen vor der blendenden weißglühenden Helle der tropischen Blitze. Unheimlich wurde mir in unserem engen Zelt zumute, doch es gab keine andere Möglichkeit, als ruhig im Bett liegend, auszuharren, bis der Tornado vorüber war.

Noch nie hatte ich ein derartiges Gewitter erlebt. Was waren selbst die strengsten Gewitter in der Heimat gegen dies Toben der entfesselten Elemente, diesen Aufruhr der Natur in den Tropen, das blitzte, krachte, sauste, rüttelte an unserem Zelt, daß ich glaubte, der Untergang der Welt sei gekommen.

Joseph, der die Unerbittlichkeit meines Mannes, während der ganzen Nacht ein Lagerfeuer zu unterhalten, kannte, hatte vor Beginn des Regens so viel Holz als möglich durch die Träger in die Hütten schaffen lassen. Er selbst harrte mit uns im Zelte aus.

Da plötzlich schien die elementare Gewalt noch ein letztes Mal mit dem Rest ihrer gewaltigen Kräfte einzusetzen, dem selbst einige Stricke unseres Zeltes nicht standhielten, so daß die eine Hälfte einfach zusammenklappte.

Wieder war es Joseph, der in Gemeinschaft mit dem Feuermann, welcher unter dem Sonnensegel Schutz gesucht hatte und durch das Zusammenklappen des Zeltes ein unfreiwilliges, zu seinem größten Leidwesen recht ergiebiges Bad genommen hatte, bei strömendem Regen unter Blitz und Donner die Zeltstricke an in der Nähe befindlichen Bäumen festband. Eine kleine, kalte Douche hatten wir jedoch auch mit abbekommen.

Die Gewalt des Tornado war jetzt gebrochen, und man hörte nur noch das monotone Rauschen des Wasserfalls und den langsam schwächer werdenden Donner des abziehenden Gewitters, begleitet von starkem Wetterleuchten.

Die beunruhigte Natur brachte uns auch endlich für den Rest der Nacht in der angenehmen Kühle und erfrischenden, gereinigten Luft den ersehnten, erquickenden Schlaf.

Wir öffneten unser Zelt an den beiden Stirnseiten und ließen uns von der frischen Nachtbrise in den Schlaf fächeln.

Am andern Morgen brachen wir in aller Frühe unsere Zelte ab, riefen dem Wasserfall ein letztes Lebewohl zu und marschierten bis zur Station Manengoteng, wo Joseph mit den Trägern das Verladen unserer Lasten vornahm, während wir zu Pferde, begleitet von acht Trägern mit etwas Verpflegung und einer aus zwei Reisesäcken und zwei armdicken Knüppeln gefertigten Hängematte bis zur nächsten Station, Ndunge, durch den herrlichen Urwald, der uns heute, nach dem erfrischenden Tornado viel schöner erschien als bisher, ritten.

Schwierig gestaltete sich die Überquerung eines mittleren Nebenflusses des Dibombe, dessen Brücke, welche aus mehreren über den Fluß gelegten Baumstämmen und darüber geschnürten Knüppeln bestanden hatte, vom gestrigen Tornado fortgerissen war. An einer seichten Stelle (Furt) wurde die Durchquerung vorgenommen. Unsere wenigen Lasten, die bisher auf dem Rücken getragen worden waren, mußten auf den Kopf genommen werden. Rasch entledigten die Neger sich ihres einzigsten Kleidungsstückes, des schmutzigen Lendenschurzes, dem eine innige Berührung mit dem Wasser absolut nichts geschadet hätte, und bis unter die Arme im Wasser stehend, das Gesicht der nicht schwachen Strömung zugewandt, waren bald sämtliche Träger am andern Ufer des Flusses angelangt. Mein Mann, dem ein derartiges Durchqueren nichts Neues war, schwamm direkt mit dem Pferde durch. Für mich ließ er die »Hängematte« bringen und darin liegend, wurde ich auf den Köpfen unserer lieben, schwarzen Brüder durch den Fluß getragen. Sehr behaglich fühlte ich mich in diesem provisorischen Traggerüst allerdings nicht, am meisten nervös machte mich das andauernde Geschrei und Zurufen der sich vorsichtig vorwärts tastenden Träger.

Nachdem wir auch dieses Hindernis genommen hatten, ritten wir durch die, an den Ufern des Dibombe, der sich hier zwischen Felsblöcken hindurchwindet, gelegenen Bananenhaine, in deren Hintergrund der Urwald, streckenweise von Grasflächen unterbrochen, in seiner alten Pracht grünte. Das Gekrächze der Papageien und der Ruf des Turakos, sowie das Murmeln des eilig zu Tale fließenden Dibombe unterbrachen die lautlose Stille des Urwaldes.

Auf einem vom Sturm entwurzelten Urwaldriesen ließen wir uns nieder und von Taka den mitgenommenen Mundvorrat auftischen, welcher bis auf eine kleine eiserne Portion, die für alle Fälle unberührt blieb, verzehrt wurde.

Von Ferne vernahm man das Stöhnen und Krächzen der Eisenbahn, die gerade an dieser Stelle die sehr steilen Hänge des Manenguba-Gebirges in kurz gewundenen Serpentinen, mehrere Male den Fluß kreuzend, hinaufkeucht. Wir ließen den Zug an uns vorüberfahren und Joseph, der mit den restlichen Trägern auf dem mit unseren Lasten beladenen Wagen thronte, schwenkte, zum Zeichen, daß in der Kolonne alles in Ordnung sei, fast kameradschaftlich die Mütze.

Nach weiterem, dreistündigen Marsch durch die endlosen Grasflächen, die wir auf engen, ausgetretenen, zirka 30 Zentimeter breiten Negerpfaden, zu deren beiden Seiten das bis fünf Meter hohe Elefantengras wogte und keinem Lüftchen Zutritt zum Wege gestattete, durchquerten, zogen wir endlich in Ndunge ein. (Das vorläufige Ende der Kamerun-Nordbahn ist Nkongsamba.) Hier sahen wir zum ersten Male größere Herden Kleinvieh und eine, scheinbar mit Verständnis aufgenommene Hühnerzucht.

Nachdem wir etwas außerhalb des Dorfes einen Platz von Gras und kleinem Buschwerk befreit und darauf unser Lager aufgeschlagen hatten, erschien auch schon der Häuptling mit Verpflegung für die Leute und einigen Ananas und Popeias für uns.

Das Häuptlingsgehöft Ndunge bestand aus zweiundzwanzig, in einer Linie längs der Straße aufgebauten Mattenhäusern und kennzeichnete eine gewisse Wohlhabenheit seines Besitzers.

Für jedes Weib, welches sich der Häuptling neu erwirbt, läßt er von den Getreuen seines Dorfes ein neues Mattenhaus errichten. Der Häuptling selbst stand in den besten Jahren, und wir wunderten uns über die vielen alten Frauen, die in seinen Gehöften untergebracht waren. Er erzählte uns auf Befragen, daß sein Vater vor zirka fünf Jahren gestorben sei und ihm seinen ganzen Reichtum, in Gestalt von fünfzehn Frauen, als Erbe hinterlassen hätte.

Der Platz zwischen Gehöft und Straße war sauber mit kleinen Büscheln von Zitronengras (Fiebergras) eingefaßt und in der Mitte dieses Platzes standen einige herrliche Orangen- und Mangopflaumenbäume. Eine stattliche Herde Schafe und Ziegen waren hinter dem Gehöft in einer Hürde eingesperrt.

Wir hatten allmählich unsere Decken hervorsuchen müssen, denn es war in den Abendstunden schon recht frisch, so daß man sich, im Langstuhl sitzend, eine Decke über die Knie legen mußte.

Nachdem mein Mann den Häuptling für die gebrachte Verpflegung scheinbar recht gut bezahlt hatte, brachte er uns am Morgen vor unserem Aufbruch noch einige Hühner, die mit zusammengebundenen Füßen und über dem Arm getragen, mitgenommen wurden.

Hier sollte, da wir uns doch bald am Endziel unserer Reise nach Norden befanden, das in Duala eingekaufte Hängekleid ein würdiger Sold für das Entgegenkommen des Häuptlings sein. Mit vor Freude glänzenden Augen überreichte er seinem Lieblingsweibe das Kleid, welches laut klatschend alle ihre Mitfrauen herbeirief, um uns nach dem Klang der Palaver- und Playtrommeln, die von den Männern geschlagen wurden, unter rhythmischem Händeklatschen einen Abschiedstanz aufzuführen. Als wir unsere Pferde bestiegen hatten, drückte der Häuptling uns kameradschaftlich die Hand und unter lautem Zurufen und Gejohle der Bewohner galoppierten wir zum Gehöft hinaus.

Weiter ging es durch endloses Weideland, welches durch das letzte Abbrennen nur mit ganz jungen Grasspitzen bestanden war, auf der schön ausgebauten Regierungsstraße zunächst nach dem Posten Bare, wo wir auch unsere Trägerkolonne einholten.

Hier sahen wir zum ersten Male an Stelle der Mattenhäuser aus den Halmen des Elefantengrases hergestellte Hütten.

Nach kurzer Rast zogen wir, nach weiterem, dreistündigen Marsch in das deutsche Gehöft der Gebrüder H. ein.

Freundlich von den Besitzern empfangen, ließen wir die Pferde in den Stall bringen und in kurzer Zeit saßen wir, fröhlich von der Heimat plaudernd, mit den beiden, von der Tropensonne gebräunten Farmern beim Essen. Dann zeigten sie uns ihre stattlichen Rindvieh-, Schaf- und Ziegenherden, sowie die Schweine und am Schlusse eine, in bescheidenen Grenzen gehaltene Pferdezucht. Fern von jeder menschlichen Niederlassung auf einem erloschenen Krater, die in jener Gegend nichts Seltenes sind, hatten sie ein recht stabil gebautes, mit Matten eingedecktes Wohnhaus errichtet, dem sich, ein Geviert bildend, die Ställe und Scheunen anschlossen. Vor dem Gehöft war ein großer Komplex urbar gemacht und mit Kartoffeln bepflanzt, während zu beiden Seiten herrliche Bananen- und Plantenhaine, leicht von der wohltuenden Brise bewegt, standen. Auch Mais und Makavos, die hauptsächlich als Futter dienten, erbauten sie. Die innere Ausstattung des Wohnhauses war den afrikanischen Verhältnissen angepaßt und wir freuten uns, nach den vielen Tagen der Reise wieder einmal ein festes Dach über unserem Haupte zu haben. Allerdings reichten für die bis heute erklommene Höhe (1100 Mtr.) unsere mitgebrachten Decken nicht aus, denn die Temperatur sank bereits in den Abendstunden recht tief.

Der nächste Tag war der von den Trägern, und ich muß sagen, auch für uns innig herbeigesehnte Rasttag, denn in Afrika marschiert man für gewöhnlich höchstens fünf Tage, um am sechsten einen Ruhetag zu machen.

Während ich nach einem langen, bis tief in den Morgen hineinwährenden Schlaf gemütlich durch die Farm bummelte und alles nochmals interessiert betrachtete, ging mein Mann mit den beiden Besitzern auf Jagd und brachte aus der sogenannten Kornkammer, einer verlassenen Kassadafarm, neun Stück Buschhühner und fünf Tauben mit nach Hause, die wir uns am Mittag, durch die Hand des schwarzen Kochs schmackhaft zubereitet, munden ließen.

Am Nachmittag ritten wir noch nach dem in der Nähe gelegenen Dorfe Mboénda, wo mein Mann früher einmal sein Lager für längere Zeit aufgeschlagen hatte. Leider war der Häuptling an den Folgen einer Dysenterie gestorben, doch die anderen Bewohner, die meinen Mann wiedererkannten, freuten sich über unser Kommen und beschenkten uns mit Hühnern und Eiern. Da wir nur einige Het Tabak bei uns hatten, zahlten wir mit diesen.

Um den Nachmittag gut auszufüllen, zeigte mir mein Mann noch die über den Nkam führende, kunstgerecht aus fingerdicken Rotang-Lianen hergestellte, den ganzen zirka sechzig Meter breiten Fluß überspannende Hängebrücke bei Nkongsam. Unterhalb dieser Brücke stürzt sich der Nkam 40 Meter über vorspringende Felsen in die Tiefe und jeder, der beim Überschreiten der Hängebrücke einen Fehltritt tut, wäre dem sichern Tode geweiht.

Nachdem wir dieses herrliche Naturschauspiel bewundert hatten, ging's im flotten Trabe heim. An das Durchreiten der zu durchquerenden Flüsse hatte auch ich mich schon gewöhnt, so daß wir bald wieder in der Farm anlangten, noch ehe die Nacht ihre Schatten auf die Erde senkte.

Am nächsten Morgen ließ Josef, wie an Marschtagen üblich, bereits im Dämmern des kommenden Tages, das sich in Afrika innerhalb einer halben Stunde von der Nacht bis zum völligen Sonnenaufgang vollzieht, unsere Lasten in Reih und Glied vor dem Hause auflegen.

Als wir nach kurzem Frühstück aus dem Hause heraustraten, bot sich uns wieder ein eigenartiges gewaltig-schönes Schauspiel.

Wer beschreibt die Schönheit des in scheinbarer Eile hinter den Bergen emporsteigenden Glutballes!

Erst ein ganz leichter goldiger Schein, der sich bald in ein purpurnes Rot, durchzogen von gelben bis milchweißen Fäden, verwandelt, beleuchtet die Sonne die ausgedehnten, saftig grünen Grasflächen mit ihren ersten, wärmenden Strahlen und während wir uns von unseren liebenswürdigen Gastgebern mit herzlichem Dank verabschiedet hatten, stand sie in voller Pracht am Himmel.

Nun traten wir den Marsch zur Küste an und marschierten vorläufig wieder zu unserem Freunde von vorgestern, wo wir nach Übernachtung am nächsten Tage die Bahn benutzen wollten, um sie in Mujuka wieder zu verlassen.

Eine zauberhaft schöne Mondnacht senkte sich auf die leicht ausgekühlte Tropenlandschaft nieder. Prächtig, in nie gesehenem Glanze, eine kolossale Lichtfülle ausstrahlend, stand silberglänzend der Vollmond am Himmel. Die Helligkeit war so groß, daß man nicht zu klein gedruckte Schrift bequem im Mondlicht lesen konnte.

Nicht sattsehen konnte ich mich an der Schönheit der im magischen, weißen Lichte daliegenden Landschaft. Ich muß sagen, daß mir die Eigenart der tropischen Lande noch unendlich anziehender erschien als im Sonnenglanz.

Noch ganz versunken in die märchenhafte Schönheit des Abends, beachteten wir kaum den erst schüchternen, dann immer stärker werdenden rhythmischen Schlag der Palaver- und Play-Trommeln. Als auch noch Gesang, sowie ein, diesen begleitendes Händeklatschen aus dem Dorfe zu unserem Lager herüberdrang, machten wir uns auf, um dem Tanze – denn ein solcher fand nach den Angaben meines Mannes statt – zuzuschauen.

Männlein und Weiblein hatten sich auf dem Dorfplatze im Kreise aufgestellt, hinter diesen, wohlgeordnet, die »Musikanten« und in der Mitte des Kreises tanzten, ihre Schultern und Hände schwingend und den Bauch schlangenartig im Kreise windend, zwei anmutige Negermädchen. Es ist unbeschreiblich, mit welchem Feuer, jede Muskel einzeln bewegend, der Neger sich dem Genusse des Tanzens hingibt. Schweißüberströmt drehten sich die fast ganz nackten Körper im Mondlicht und ein wohlgelungener, graziöser Sprung, der gleichzeitig das Ende der Partie bedeutete, brachte den Tanzenden ein lebhaftes Gejohle und Händeklatschen als Lohn ein.

Etwas abseits von dieser tanzenden Gruppe hatten die erwachsenen jüngeren Männer einen Kreis gebildet. Ihre Musikinstrumente bestanden aus leeren Kisten, Tonnen und zwei, anderthalb Meter im Durchmesser fassende, fünf Meter lange, aus einem Baumstamm herausgeschnitzte Kriegstrommeln, die kräftig mit Stöcken und Knüppeln bearbeitet wurden. Wenn die Frauen ihre Tänze graziös ausführten, so kann man hier von einem wilden, jeglichen Rhythmusses entbehrenden Springen der mit Tanzmasken geschmückten Männer reden. Ganz ausnahmsweise große Sprünge wurden mit einem lauten, zischenden »scht, scht« begleitet, welche Laute durch Ruten, aus den Rippen der Raphiapalme hergestellt und durch die Luft geschlagen, erzeugt wurden.

Mein Mann verteilte einige Het Tabak und eine Flasche Rum, welche lauten Jubel auslösten und die schwarze Gesellschaft zu noch groteskeren Sprüngen veranlaßte.

Müde des Schauens, zogen wir uns in unser Lager zurück, doch noch lange floh uns der Schlaf, da das Gedröhne der Trommeln, die monotonen Gesänge, unterbrochen von den schrillen Trillern und dem Aufjauchzen der Weiber, unausgesetzt zu uns herübertönte.

Es schien, als sollte ich, soviel als die Kürze der Zeit es erlaubte, alles kennen lernen, was das Leben in den Tropen an Schönheiten und Widerwärtigkeiten mit sich bringt.

Wir ritten am nächsten Tage von Mujuka aus, wohin uns inzwischen die Bahn gebracht hatte, nach den Kakaoplantagen in Mudame, wo uns der Leiter in liebenswürdigster Weise die Kakaokulturen, sowie die Bearbeitung der Früchte bis zur Verschiffung zeigte. In fröhlicher Gesellschaft einiger älterer Angestellten verbrachten wir den Abend.

Am nächsten Morgen mieteten wir uns drei große, zirka fünfzehn Meter lange Kanoes, in die wir unsere Lasten verstauten. Das erste Kanoe, auf welchem wir unsere Longchairs zwischen den Lasten eingebaut hatten, nahmen wir in Beschlag. Zum Schutze gegen die Sonnenstrahlen ließen wir uns über den Langstühlen ein leichtes Dach aus Palmenblättern aufbauen, so daß wir im Genusse der durch die Fahrt erzeugten Brise blieben. Die zwei anderen Kanoes wurden von den Trägern besetzt.

In fröhlicher Fahrt ging es, durch die kräftigen Ruderschläge unserer Pulljungs vorwärts getrieben, den Mungo hinunter.

Leise stimmte einer der Neger ein Liedchen an, in das bald die andern einfielen und nun wiederholte sich das auf dem Marsch bereits Beobachtete, daß einer vorsang und die andern einfielen; im Takte mit den Ruderschlägen.

Zu beiden Ufern den Mungo, grüßte uns wieder der nie genug geschaute imposante Urwald mit seinem, im herrlichen Tropenmorgen erwachenden Leben. Papageien flogen kreischend von Baum zu Baum, Turakos ließen ihre durchdringenden Schreie vernehmen und wir hatten das Glück, diesmal nicht allzufern, einige niedliche Äffchen zu beobachten, welche, sich scheinbar sehr sicher fühlend, uns neugierig betrachteten. Auf den aus dem Bett herausgetretenen Sandbänken stelzten Reiher und andere Strandvögel, munter pickend, einher.

Unbeschreiblich schön und reizvoll ist so eine Fahrt auf dem Mungo!

Doch, nichts ist vollkommen, und den Genuß dieser herrlichen Morgenfahrt wußten uns hunderte von Moskiten, die uns an den freigelassenen Körperstellen ganz zerstachen, zu schmälern. Doch als die Sonne höher stieg und der leichte Nebel sich zerteilt hatte, ließen auch diese Quälgeister nach und ein freier, klarer Ausblick bot sich uns nach vorn.

Fast wie auf ein Kommando hielten unsere Pulljungs jetzt inne und zeigten uns, auf einer Sandbank ruhend, ein Krokodil. Freudig überrascht, verhielten wir uns ganz still und ließen das Kanoe durch die Strömung treiben, steuerten dicht an die Sandbank heran und auf den Knien im Kanoe liegend, schreckte mein Mann durch einen wohlgezielten Schuß aus seiner Birschbüchse den Schläfer aus seiner Ruhe. Leider war für seine Größe der Schuß zu wenig und ehe noch mein Mann das Gewehr repetieren konnte, verschwand das Krokodil in den Fluten des Mungo, natürlich zum lebhaften Bedauern unserer Träger, denen das Fleisch eine willkommene Beute gewesen wäre.

Nach einigen Stunden flotter Fahrt legten wir in Kotto, einem mächtigen Negerdorf am Mungo, an. Unsere Träger hatten unsere Ankunft durch lautes Hallern und Schlagen der Palavertrommeln, die wir stets mit uns führten, bekannt gegeben und auf halbem Wege nach dem Dorfe kamen uns bereits der Häuptling mit dem üblichen Anhang entgegen. Er machte zur Begrüßung einen, allerdings unfreiwilligen, Knicks bis zur Erde (er war versehentlich auf eine hervorstehende Wurzel getreten und ausgeglitten), was eine allgemeine Heiterkeit der Anwesenden zur Folge hatte und ihnen einen wütenden, strafenden Blick ihres Herrn und Gebieters eintrug; jedoch auch wir konnten nur mühsam ein Lachen unterdrücken.

Wir gingen mit ihm nach seinem Dorf und er bewirtete uns mit Palmwein, einem unserem Most ähnlichen, leicht gegorenen, säuerlichen Getränk, welches der Ölpalme abgezapft wird. Auch ließ er sofort im Dorfe Eier zusammenholen und schenkte uns beim Fortgang das landesübliche Huhn.

Wir hatten jeden Tag mindestens ein Huhn gegessen, teilweise, um keine Fleischkonserven essen zu müssen, sogar zwei.

Weiter ging's auf der meist spiegelglatten, nur hie und da durch quer im Fluß liegende Baumstämme unterbrochenen Fläche des Mungo. An den uns entgegenkommenden Kanoes, die mit Früchten und Tauschwaren beladen waren, schoß das unsrige pfeilschnell vorüber und nur kurze Anrufe »woher! – wohin!« unterbrachen den monotonen Gesang.

Die Sonne hatte ihren höchsten Stand lange überschritten, als wir am linken Ufer des Mungo auf einem kleinen Plateau ein niedliches Dörfchen erblickten, wo wir dann auch landeten und Lager aufschlugen.

Am Flusse sah ich einige schwarze Mütter stehen, welche ihre, scheinbar kaum einige Wochen alten, Bambinos durch das Wasser schwenkten, was ich als Grausamkeit empfand, den Kleinen aber ganz gut zu bekommen schien. Näherkommend, reichten sie mir zutraulich ihre Kleinen und lachten glücklich, als ich durch Schäkern ein Lächeln auf dem niedlichen, schwarzen Gesichtchen hervorrief.

Ins Lager zurückkommend, nahm ich meine tägliche Waschung vor, doch schon während derselben fühlte ich im Gesicht und an den Händen leichte Stiche, konnte aber immer nur die Folgen derselben, einen roten Fleck in der Größe einer Erbse finden. Durch meinen Mann aufmerksam gemacht, näher hinsehend, bemerkte ich die stecknadelspitzen-großen Sandfliegen, die dutzendweise an den entblößten Stellen des Körpers saßen und Blut saugten. Gott sei Dank, waren es nur harmlose Tierchen, die keine Krankheiten übertragen. Weit unangenehmer empfand ich das in den höchsten Tönen hervorgebrachte Summen der Moskitos, die uns während des ganzen Abends umschwirrten und vor allen Dingen mich (mein Mann behauptete, des süßen

Blutes wegen!) grausam quälten. Trotz der Vorsicht Josephs, das Moskitonetz recht fest unter die Matratze gestopft zu haben, hatten sich doch einige dieser »lieben Tierchen« Einlaß in unser Allerheiligstes zu verschaffen gewußt, und es entspann sich beim Schlafengehen ein lebhafter Kampf, bei dem die Moskitos, als die Unterliegenden, ihr sträfliches Tun mit dem Tode büßen mußten. Aber selbst die Genugtuung, alles getötet zu haben, was sich unberechtigterweise unter mein Moskitonetz eingeschlichen hatte, ließ mich keinen Schlaf finden, denn das Summen der außerhalb des Netzes fliegenden Moskitos machte mich dermaßen nervös, daß ich froh war, als der Schlag der Trommel, der als Weckruf für den Träger dient, den anbrechenden Morgen verkündete.

Auf mein Bitten hin und mit Rücksicht auf mein zerstochenes Gesicht sowie Arme wurde die Kanoefahrt, so herrlich sie an und für sich war, abgebrochen, und wir marschierten quer durch den Urwald, stracks nach Osten der Bahn zu, die wir in Kake bestiegen, und noch am selben Tage zogen wir wieder in Bonaberi und Duala ein.

Unsere Reise in die nördlichen Gebiete hatte uns länger in Anspruch genommen, als wir beabsichtigten, so daß wir unser aufgesetztes Reiseprogramm, in dem noch eine Reise nach Jaunde mit aufgenommen war, nicht durchführen konnten.

Wir hatten bis zur Abfahrt des Dampfers noch sechs Tage und da ich, trotz unserer vieltägigen Reise durch den Urwald und einen Teil des Graslandes noch nicht einmal einen Elefanten in Freiheit gesehen hatte, so beschlossen wir, nach einer eintägigen Ruhepause noch eine Kanoefahrt auf dem Wuri oder Kamerunfluß zu unternehmen.

Obwohl ich eigentlich noch ziemlich genug hatte von den »Genüssen«, die uns die eintägige Kanoefahrt auf dem Mungo beschert hatte, willigte ich in die Änderung des Reiseprogramms ein.

Unsere Träger wollten nun auch für die uns geleisteten Dienste ihre Besoldung haben, die wir ihnen in deutscher Münze auszahlten. Als Geschenk für die Ausdauer, die sie bewiesen hatten, erhielt jeder fünf Het Tabak, zwei Flaschen Gin und eine Mark, sowie den von der Buschtour zurückgebrachten Reis. Vor Freude führten sie unter Singen und Schreien einen Tanz auf und hatten es dann sehr eilig, die erworbenen Pfennige in den Faktoreien Dualas in Waren umzusetzen.

Am nächsten Tage mieteten wir uns ein zirka zwanzig Meter langes Kanoe, in welches wir einige, mit Verpflegung und Reservekleider bepackte Koffer verstauten, ein Palmblätterdach wieder im vorderen Teil des Kanoes aufbauten und die Longchairs zwischen die Lasten setzten. Wir fuhren mit einer Besetzung von zwölf Pulljungs auf dem Kamerunbecken hin, an den großen, mitten im Strom lagernden Inseln vorüber, den Wuri hinauf.

Da wir Flut hatten, wurde den Pulljungs die Arbeit erleichtert und pfeilschnell schoß, unter den kräftigen Ruderschlägen unserer Dualas, das Kanoe auf der spiegelglatten Fläche, die nur durch einige, aus dem Wasser herausragende Felsblöcke und Baumstämme, sowie von einigen, aus dem oberen Teil des Wuri kommende Kanoes, deren Besatzung gleich der unseren ihre monotonen Weisen erklingen ließen, unterbrochen wurde, dahin.

Immer höher stieg die Sonne und durch das angestrengte andauernde Paddeln ermüdet, verstummte bald der Gesang unserer Besatzung. Da die Flut uns nicht gefolgt war, mußte die ziemlich starke Strömung des Wuri überwunden werden und es ging immer langsamer vorwärts. Stellenweise mußten die Jungens sogar das Kanoe verlassen und dasselbe über den Schlick und die Sandbänke hinwegziehen.

In einem idyllisch an den flachen Ufern des Wuri gelegenen Dörfchen schlugen wir unser Zelt auf und legten uns nach der üblichen Begrüßung durch den Häuptling und dem Genuß einer von Joseph selbst erlegten Antilope schlafen.

Mein Mann hatte sich mit den Dorfbewohnern eingehend über die Jagdverhältnisse unterhalten und Befehl gegeben, daß wir am nächsten Morgen sehr früh aufbrechen und eine Jagdfahrt auf dem Abo unternehmen wollten.

Noch ehe die Sonne die leicht gekräuselte Fläche des hier sehr schmalen, aber tiefen Wuri beschien, befanden wir uns auf dem seeartigen Abo, dessen beide Ufer mit einem undurchdringlichen Mangrovendickicht, Lianen und tausend anderen Schlinggewächsen bestanden sind. Vor uns sahen wir eine kleine Lichtung, die bis an das Ufer des Abo heranreichte und beim Näherkommen machten uns unsere Begleiter auf zwei, im Grase ruhende Flußpferde aufmerksam, auf deren Rücken, wie wir mit dem Glase feststellten, die Madenhacker (kleine Vögel) eifrig pickten. Kaum hörbar, die Ruder flach durch das Wasser ziehend, steuerten wir auf diese Stelle zu. Mein Mann hatte sich lang ins Kanoe gelegt und außer seiner Birschbüchse, die er bereits an der Backe liegen hatte, hielt ich, hinter ihm sitzend, den mit fünf Patronen geladenen Karabiner zum Schusse bereit. Als der erste Schuß krachte, sah ich in der Aufregung oder Jagdfieber, welches sich meiner bemächtigt hatte, nur einen unförmigen Körper laut klatschend ins Wasser fallen, während sich eine scheinbar formlose Masse schnaufend und stöhnend im Grase wälzte.

Dem ersten folgten zwei weitere Schüsse und unter lautem Schreien ruderten die Schwarzen das Kanoe an Land, um das erlegte Tier zu besehen.

Wir hatten nicht bemerkt, daß uns zwei weitere Kanoes aus dem Dorfe, in welchem wir das Lager aufgeschlagen hatten, gefolgt waren, die nun unter Aufbietung aller Kräfte singend und schreiend auf uns zuruderten und sich in Gemeinschaft mit unseren Leuten an die Zerlegung des von mir sehr bestaunten Tieres machten. Bald sah man an der Stelle, wo die beiden Dickhäuter der Ruhe gepflegt hatten, nur noch schwammige Stückchen Fleisch und eine große Blutlache. Ich übertreibe nicht, wenn ich sage, daß in einer Viertelstunde von dem Koloß, den mein Mann auf 20 Zentner schätzte, nur noch tragbare Stückchen Fleisch zu sehen waren. Unsere Pulljungs suchten sich die schönsten Stücke heraus, mein Mann ließ sich ein zirka ein Quadratmeter großes Stück Haut abschneiden und die Stoßzähne herausschlagen, während das andere in den Besitz der übrigen Dorfbewohner überging.

Eigentlich hatten wir erreicht, was wir wollten, doch die kurze Zeit des Aufenthalts in Kamerun wollten wir ausnützen, soweit es möglich war. Auf Befragen erfuhren wir von einem der Dorfbewohner, daß zirka eine halbe Stunde von uns entfernt, mehrere Elefanten durch den Abo wechselten, und zwar meist in den Nachmittagsstunden zwischen vier und sechs Uhr. Da wir keinen großen Rückweg zu unserem Lager hatten, ruderten wir nach längerer Rast weiter den Abo hinauf, bis zu der von den Dorfbewohnern bezeichneten Stelle.

Unser Kanoe wurde an einem Baumstamm festgebunden, während wir die Umgebung nach den Spuren der Dickhäuter absuchten. Bald fanden wir auch einige größere und eine kleinere Spur und Losung, die scheinbar vom Morgen herrührte. In geringer Entfernung von der Furt lagerten wir uns im Walde und harrten der Ankunft dieser lebenden Urwaldriesen.

Wir sollten nicht lange auf die Folter gespannt werden, denn in der Ferne hörten wir bald das Trompeten eines Elefanten, dessen schauriger Klang meine Nerven erzittern ließ. Wir gingen etwas tiefer in den Urwald hinein und ich bemerkte bald, daß wir, mein Mann, Joseph und ich, allein waren; unsere anderen Begleiter hatten sich ängstlich ins Kanoe zurückgezogen, um bei einem evtl. Angriff der Dickhäuter schnell das Weite suchen zu können. Was aus uns dann würde, war diesen tapferen Seelen gleichgültig.

Sonderlich wohl war mir selber nicht zumute, doch mich auf die Treffsicherheit meines Mannes verlassend, harrte ich hinter einem dicken Baumstamm geborgen, herzklopfend, aber mutig aus.

Abermals erscholl, und zwar diesmal in unmittelbarer Nähe, der Trompetenklang des Elefanten, und die Erde dröhnte und zitterte unter dem Stampfen seiner Füße. Auf mein Bitten hin gab mein Mann sein Vorhaben, zu schießen, auf, und wir haben es nicht bereut. Der Bequemlichkeit halber schien der Elefant seine alte Fährte zu benutzen, denn das von meinem Mann beschriebene Knacken und Krachen der Bäume und Äste, die er sich aus dem Wege räumt oder zerstampft, war nicht vernehmbar. Da, endlich sahen wir den Koloß gemütlich angetrottelt kommen und zu unserer aller Überraschung in seinem Gefolge ein täppisches, possierliches Junges in der Größe eines Pferdes.

Plötzlich blieb die Elefantenmutter stehen, und mir stockte das Blut in den Adern, denn ich glaubte, daß sie Witterung von unserer Anwesenheit bekommen habe. Aber ihr Warten galt nur dem Kleinen, das scheinbar nicht so große Schritte wie die Mutter nehmen konnte. Am Flusse angekommen, trampelte sie erst einige Zeit, in dem aufgeweichten Boden bis zum Bauch versinkend, umher, zog den Rüssel voll Wasser und spritzte das hinter ihr stehende Junge an.

Zu gern hätte ich gesehen, wie so ein Elefant schwimmend den Strom durchquert, doch die Mutter schien um das Leben ihres Jüngsten besorgt zu sein und nachdem sich das Schauspiel mehrere Male wiederholt hatte, trabten Mutter und Kind, laut trompetend, wieder in den Urwald zurück. Als sie etwa 50 Meter von uns entfernt waren, gab mein Mann einen Schreckschuß ab und aus ihrer Sorglosigkeit aufgeschreckt, jagten die beiden, die uns so kostbare Minuten bereitet hatten, in den undurchdringlichen Urwald hinein.

Mein Wissensdurst war wieder einmal glänzend gestillt und hochbefriedigt kehrten wir in unser Lager zurück.

Wir hatten noch zwei Tage Zeit, die wir einer eingehenden Besichtigung der Hafenstadt und ihrer großzügigen Anlagen widmeten. Auch den »Palast« des Oberhäuptlings Mango Bell, der uns mit einer Flasche Bier und Bisquits bewirtete, besuchten wir.

Der letzte Tag, den wir in Kamerun verbringen konnten, wurde zu einem Besuch der in Beseke befindlichen Negerrestauration »Zum strammen Hund« verwendet, wo wir uns bei einem Glase Eisbier mit einigen dort anwesenden Gouvernementsbeamten über ihre Erlebnisse während des Tropenaufenthalts unterhielten. Ja, ich konnte schon ihre Unterhaltung mit einigem Selbsterlebten unterbrechen, worüber sie sehr erfreut waren.

Am Mittag des nächsten Tages begaben wir uns an Bord, von einigen in Afrika neu gewonnenen Freunden begleitet, die uns Grüße an die Heimat mitgaben und sich mit einem kräftigen deutschen Händeschütteln verabschiedeten.

Ade, Kamerun! Du herrliches, einzigschönes Land mit deinen reichen, geheimnisvollen Schätzen, die du willig dem überläßt, der sich nicht der Mühe scheut, sie aufzusuchen und mit offenen Augen um sich schaut, auf all die Pracht, all den Reichtum! Mein Leben lang werde ich zehren an den herrlichen Erinnerungen, und, sitze ich im Norden Deutschlands, in Schnee und Eis vergraben, träumen von deinen ewig grünen, ewig schönen Urwäldern, deinen klaren, stillen Flüssen, den schäumenden, donnernden Wasserfällen und dem wunderbaren Zauber deiner mondscheindurchleuchteten Märchennächte! Was ich mir von dir versprach, das hast du getreulich gehalten und so, voller Freude, wie ich kam, scheide ich jetzt voller Wehmut. Nur ein letztes Lebewohl noch kann ich dir mit dem Tüchlein winken, und der stolze Kamerunberg erwidert den Gruß in schweigendem Ernst. Doch bald wirst auch du unsern Blicken entschwunden sein, weiter geht's in die offene See der fernen Heimat zu.

Vorbei die wundervolle, herrliche Zeit!

Zur Heimreise benutzten wir einen Zwischendampfer und lernten auf diese Weise die vor der Bucht von Biafra lagernde spanische Insel Fernando Poo kennen. Leider war der Aufenthalt im Hafen von St. Isabell sehr kurz bemessen, so daß sich ein An-Landgehen nicht lohnte. Wir hatten ja nun genug Eindrücke gesammelt, die wir auf unserer Heimreise an unserem geistigen Auge vorüberziehen lassen konnten und die Abendstunden waren immer viel zu kurz, um über alles Erlebte zu plaudern.

Nachdem wir bei ausnahmslos schönstem Wetter und spiegelglatter See die Häfen der Westküste passiert hatten, sahen wir uns eines Morgens wieder im Hafen von Santa Cruz. Für den Rest der Heimreise bestand in bezug auf Seekrankheit keine Gefahr, denn wir hatten für unsere ganze Reise die denkbar günstigste Jahreszeit gewählt und landeten wohlbehalten, sonnengebräunt und von den Angehörigen jubelnd begrüßt, am Petersen-Kai in Hamburg.

Freudentanz der Negerweiber um einen getöteten Gorilla in einem Dorfe Kameruns.

Rieseneidechse Vogeleier fressend.

Rast auf dem Marsche.

Schwarze Schönheiten in Kamerun.

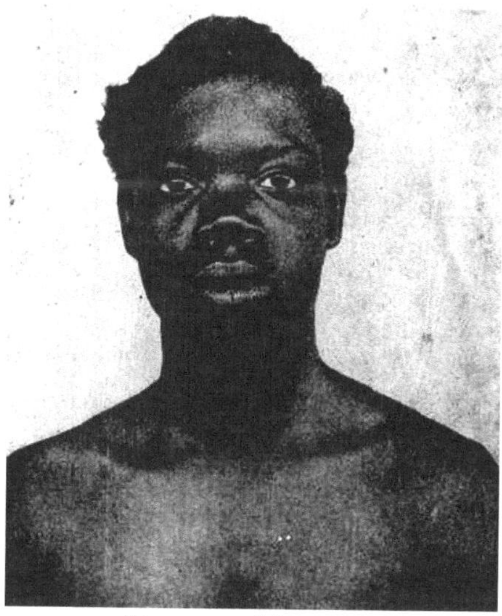

Kamerun-Neger.

Negerinnen beim Tanz.